Ingrid Töbermann

Haiku – Lichtblicke
Die Faszination des Augenblicks

Mit Aquarellen und Zeichnungen
von Natalie Harder

Impressum

Bibliografische Information der Deutschen Nationalbibliothek: Die Deutsche Nationalbibliothek verzeichnet diese Publikation in der Deutschen Nationalbibliografie; detaillierte bibliografische Daten sind im Internet über dnb.dnb.de abrufbar.

Texte: © Ingrid Töbermann, Berlin
Aquarelle und Zeichnungen: © Natalie Harder, Berlin

Herstellung und Verlag:
BoD – Books on Demand, Norderstedt
Satz, Grafik und Design:
Stefan Wolfschütz – HAIKU24.DE
ISBN: 9783743196803

INHALT

Vorwort 6

Frühling 8

Sommer 32

Herbst 48

Winter 66

Biografische Notizen 78

VORWORT

Das Wichtigste, um ein gutes Haiku zu schreiben, so Stefan Valentin Müller in seinem Buch »*Haiku Schreiben – eine kleine Schule*«, ist ein Paar gute Schuhe. Und fürwahr, auf guten Sohlen findet man leichter den Weg in die Haiku-Welt, jene Welt, in der man lernt, die Umgebung mit den Worten eines Haiku zu beschreiben. So zu beschreiben, dass die Worte Freude auslösen im eigenen Herzen und in den Herzen der Leserinnen und Leser.

Für Ingrid Töbermann, die mitten in Berlin lebt, hat sich das Haiku auf besondere Art und Weise mit ihrem Leben verbunden. Vor vielen Jahren eine Nierentransplantation, später folgten zwei Herzklappenoperationen. Das Gehen fällt ihr schwer, die Herausforderungen des Alltags sind für sie zur Last geworden. Seit ihrer Schulzeit schreibt sie Gedichte, darunter auch immer wieder Haiku. Diese japanische Gedichtform mit ihren drei Zeilen und dem besonderen Silbenschema tut ihr beim Schreiben gut.

Wer Haiku – oder überhaupt Gedichte – schreibt, weiß, dass man beim Schreiben ein besonderes Bündnis mit der Wirklichkeit eingeht, ein Bündnis, das einem erlaubt, hinter die Fassaden sowohl des ungewöhnlichen als auch des gewöhnlichen Augenblicks zu schauen und dafür Worte zu finden. In meinen Gesprächen mit Ingrid Töbermann habe ich deutlich dieses besondere Bündnis gespürt, das sie beim Schreiben eines Haiku mit ihrer Umwelt, der Jahreszeit und den kleinen Überraschungen schließt, mit jenen Überraschungen, die sie von einem Spaziergang, einem Blick aus dem Fenster, einer Beobachtung in einem Café oder von einem Gespräch im Haiku festhält.

Ingrid Töbermann hat die unmittelbare Umgebung ihrer Wohnung in Charlottenburg durch die Jahreszeiten hindurch erlebt. Ein Buch wie dieses, illustriert von Natalie Harder, schenkt uns Augenblicke, in denen wir teilhaben können an dieser kleinen großen Welt, die einfach nur da ist in ihrer Schönheit, ihren Lichtblicken und dabei diesen kurzen Moment Glück entfaltet, der sich in einem gelungenen Haiku manifestiert. Ingrid Töbermann hat nach eigenen Aussagen Kraft geschöpft aus den Worten, die sie zu Papier bringt. Diese Kraft hat ihr Mut gegeben, weiterzugehen, weiterzumachen und weiterzuschreiben. Wie schön, dass daraus ein Buch geworden ist.

Stefan Wolfschütz, Februar 2017

FRÜHLING

Kanadagänse
die Weidenkätzchen blühen!
noch kalt, doch sonnig

starke Windböen
eine Kirschblüte
gehalten vom Fliederbusch

Wohnungsbesichtigung
vor der Haustür
die Hoffnung steht Schlange –
auf dem kleinen Rasenstück
Schneeglöckchen und Krokus

zerzauste Haare
die Trauerweide wartet
auf den Frühjahrsputz

kurzer Spaziergang
Liebe auf den ersten Blick
Krokus am Ufer

munteres Zwitschern
im Licht des Frühlings
noch grüner das Grün

unter der Brücke
ein Lied von Freiheit singen
dem Echo lauschen

abflugbereit
die Schirmchen des Löwenzahns
bis zum nächsten Jahr

Morgenstille
auf dem Sportplatz
ruht ein Ball

Mahonienblüten
leuchtend gelb wie der Schnabel
des Amselmännchens

sanft bewegt vom Wind
Morgenträume rosarot
Kirschbäume erblüht

Flügel- und Schnabelkampf
aufgeregte Zuschauer –
unbeirrt die Schwäne

Schwertlilien
wiegen sich leicht im Wind
golden schimmernder Teich

Laune des Aprils?
Schneeflockentanz am Morgen?
die Kirschblüten fallen

Regennacht –
das grüne Licht am Morgen
die Hainbuchen im Hof

Morgenspaziergang –
gestern nicht gesehen?
Weißklee und Rotklee

vornweg mit Schnauze
Pinscher mopst Kindern den Ball
Geschrei … Volltreffer!

verwitterndes Bauwerk
Vogelnest mit Kunststoffresten
im grünenden Strauch

die hellen Stimmen –
vier junge Schwäne
zwischen den Flügeln der Mutter

wie am Abend auf dem Dach
des Elternhauses
singt hier die Amsel

Grüße von Rügen
Herzmuschel
und eine Prise Strand

leuchtend rotes Herz
getragen von der Welle –
grünes Land in Sicht

noch standhaft
am Ufer die Narzisse
ihr schönes Haupt verblüht

Frühgymnastik
immer beschwingter
von den Stimmen der Vögel

Warteschleife
„Für Elise" lauschen
beim Flug der Pappelpollen

SOMMER

es duftet nach Gras
Spatzen tummeln sich
am frisch gemähten Ufer

Hochsaison der Ausflugsdampfer –
über »Fortuna«
schwingt sich der Reiher

nahe des Steins
heimliches Rascheln und Plätschern –
hinter der Hecke
flügelschlagende Amsel
badet im Tontopf

am Rand des Ufers
rastet die Krähe
für einen Moment

Blick aus dem Fenster
strahlende Schönheit
die Sonnenblume

himmlisches Läuten
unter der Bank
leuchtende Glockenblume

schwüler Regentag
auf dem Rückweg die Zweifel
Licht in der Kapelle
ausruhen
eine Kerze für dich

Café im Sommer
zwischen den Gästen
hüpfen die Spatzen

im schimmernden Schilf
der Pfaueninsel
blinzelt der Reiher

ruhende Schwäne
am Ufer des Wannsees
wachsen mir Flügel

am Stamm der Pappel
Figuren erscheinen
aus Schatten und Licht

beugt sich Tag um Tag
die Sonnenblume –
noch immer ein Strahlen

Sommer – Dampferfahrt
im Abendlicht der Bäume
entflammt der Kanal

Glienicker Lake
Grille zirpt ihr Abendlied -
mir wird´s so grillig

Andacht –
nie versiegende Quelle
aus dir schöpfen dürfen

HERBST

der bunte Drachen
steigt höher und höher
im herbstlichen Wind

Herbstsonne
lockt zum Spaziergang
heut wird es früher dunkel

sonniger Herbsttag
müder werdende Schritte
Herz schlägt aus dem Takt
Boote ziehen vorbei
gleichmäßig der Ruderschlag

Nieselregen
schimmernder Uferweg
mit Ahornblättern geschmückt

kühl und windig
herbstliche Träume
werden fündig – Kastanien …

über die Straße
treiben im Wind
zitternde Blätter

goldtrunkenes Blatt
schaukelt und dreht sich
am Faden der Spinne

»Hallo Frau H.,
wohin am Mittag?«
»Nach Tegelort zum Tanzen …«
sie fahre mit dem Bus dorthin –
wie glänzt ihr weißes Haar

träumender Brunnen –
Birkenblätter im Wasser
schimmern wie Sterne

dieser frische Duft
Petersilie
der Laubenpieper

reich beschenkt
von Laubenpiepers Ernteglück
Birnen Boskop Goldparmäne

leuchtend blauer See
Glockenspiel von Nikolskoe –
stille Wanderung

dieses Leuchten
am Wegesrand
Glockenblumen – himmlisch

nach dem Fall
ein kurzes Rollen
Kastanien warm glänzend

Flugschau der Herbstblätter
berauscht von den Farben
kehre ich heim

Zwischenlandung –
der Fahrradkorb des Nachbarn
gefüllt mit Herbstlaub

Laternenzeit
singende Kinder tragen
Sonne, Mond und Sterne

nach herbstlichem Rausch
durchwehten Tagen und Nächten
überall Blätter

raschelndes Herbstlaub
»knieender Engel« hält mich
nah der Kapelle

Novembermorgen
tiefe Dunkelheit
das Licht der Mondsichel

WINTER

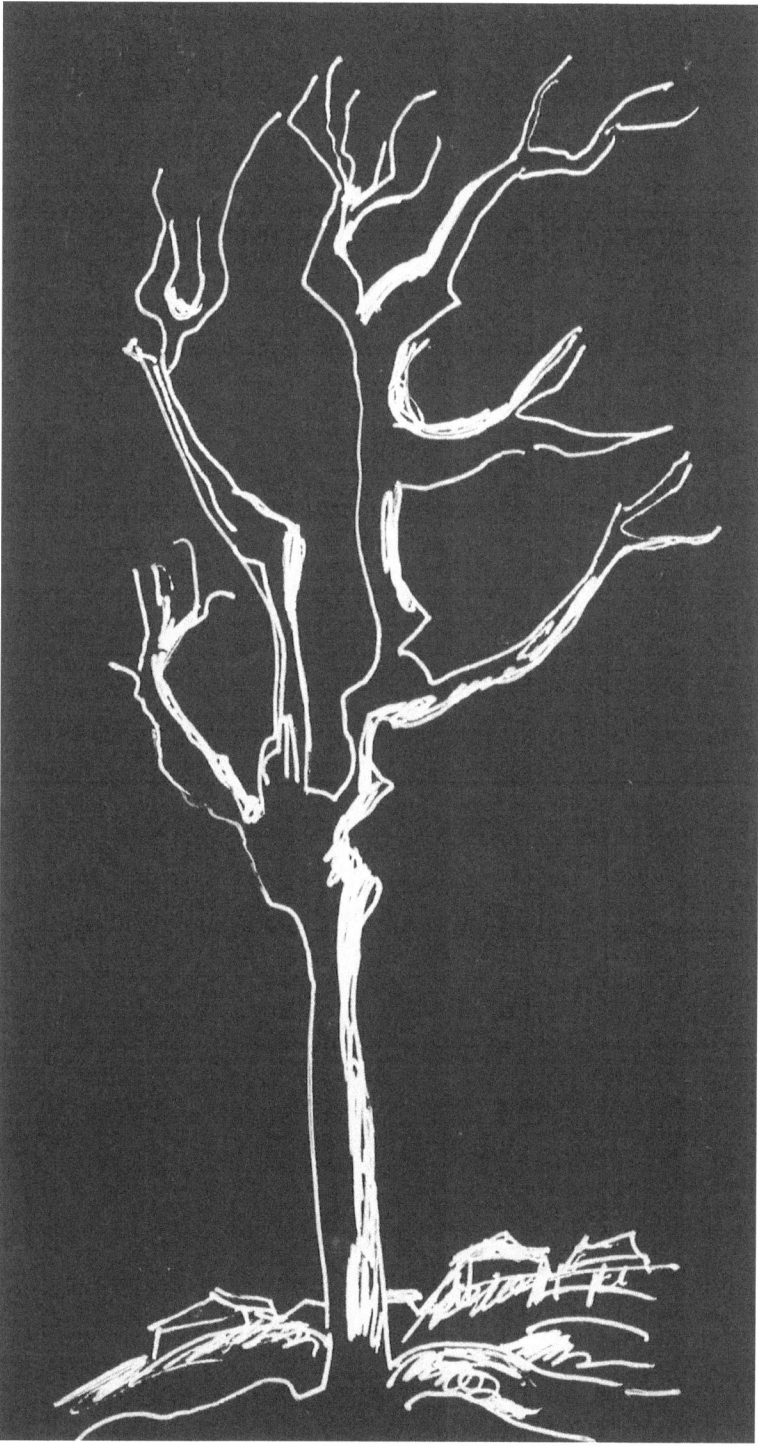

Dezembermorgen –
gemalte Bäume
an sonnenlichter Hauswand

geschmückte Fenster
Schwibbögen und Sternentraum –
über den Dächern der Mond

leises Gezwitscher
nahe der Hecke
die Christrose blüht

schneidend kalter Wind
Möwen kreisen und kreischen
am Ufer der Spree

die Tanne vorm Haus
von Nachbarn geschmückt
leuchtet in der Dunkelheit

in Gedanken bei Dir –
auf der Fensterbank
blühender Weihnachtsstern

Lichtspiele – flimmernde Farben
im dunklen Wasser
des Landwehrkanals

nächtliche Spuren
auf schneebedecktem Rasen
hockt ein Kaninchen

Schneehimmel
auf brüchigem Eis
putzen sich Schwäne

wie aus ferner Zeit
klingt der Schrei der Pfauen
in winterlicher Stille

wieder von vorn …
das Brett auf dem wir spielen
»Mensch ärgere dich nicht«

noch dunkel – es schneit
im Geäst der Zitterpappel
ruhende Amsel

Kormorane
auf treibenden Eisschollen
mit weit ausgebreiteten Flügeln –
wie Tänzer
im Tanze erstarrt

Ingrid Töbermann

geboren 1956 in Westerstede/Niedersachsen, lebt seit 1978 in Berlin. Nach ihrer Ausbildung arbeitete sie zunächst als Kinderkrankenschwester in Oldenburg, später studierte sie Sozialarbeit und Sozialpädagogik an der Evangelischen Fachhochschule Berlin.

Es folgte eine langjährige Tätigkeit als Sozialarbeiterin. Zwischen 1982 und 1994 war sie Puppenspielerin beim Marionettentheater »*Die Blaue Perle*« unter der künstlerischen Gesamtleitung von Natalie Harder und führte Regie für das Marionetlenspiel Amor und Psyche nach Apuleius.

Seit ihrer Kindheit schreibt sie Gedichte und kurze Geschichten. 2012 veröffentlichte sie ihr Buch »*Grünes Land in Sicht – Lebensausschnitte, Lebenseinschnitte*« mit Bildern von Natalie Harder in der Edition FDA Berlin bei Buchlader. Sie ist Mitglied in der Deutschen Haiku-Gesellschaft.

Natalie Harder
geb. 1934. www.natalie-harder.info

studierte Malerei an der Hochschule für Bildende Künste Berlin und schloss als Meisterschülerin von Prof. Alexander Camaro ab. Eine Tanz- und Pantomimeausbildung bei Mary Wigman in Berlin folgte. Aus beiden Künsten erwuchs ein eigenes Marionettentheater. Außerdem veröffentlichte sie Lyrik und Prosa.
Sie wurde bekannt durch zahlreiche Ausstellungen, Lesungen und Marionettenspiele mit ihrer Truppe „Die blaue Perle". Ihre verschiedenen Gebiete ermöglichen ihr eine subtile Einfühlung in die Welt anderer Dichterinnen und Dichter, die sie mit Bildern begleitet.